LES POEMES
DE MANON

A L'AUBE DE MA
PLUME

© Manon Boeglin, 2024
Édition : BoD • Books on Demand GmbH, In de Tarpen 42, 22848 Norderstedt (Allemagne)
Impression : Libri Plureos GmbH, Friedensallee 273, 22763 Hamburg (Allemagne)
ISBN : 978-2-3225-2143-2
Dépôt légal : Septembre 2024

Il y a toujours eu cette magie en
moi, cet enchantement pour
l'amour et pour la vie.

Mais également cette curiosité et
ce désir de comprendre, de tout
comprendre.

De comprendre le monde qui
m'entoure autant que mon monde
intérieur…

Aujourd'hui je suis profondément
heureuse de vous partager toute
cette magie qu'il y a à l'intérieur
de moi.

Je crois sincèrement qu'on aime
lire les mots des gens car on
cherche des mots à poser sur nos
propres maux. A poser sur nos
sentiments et sur notre propre vie.

La puissance des mots peut
éclairer un cœur, le libérer ou
l'éveiller à sa propre magie.

CARPEDIEM

Hô ! Sablier !
Dieu sinistre qui nous donne un
Moment
Pour le reprendre après…
Hô ! Vampire de ma vie !
Tu ne sais me donner que ce que
Tu m'auras pris…

Tu aspires mes heures, tu
Dégustes mon temps,
Et moi pauvre humaine, je résiste
Obstinément.

Puisqu'il est écrit que tu gagnes
Toujours,
Je n'attendrai pas demain pour
Vivre.
Et pour te montrer que malgré toi
Je me bats,
Je cueillerai chaque journée qu'il
Me sera donné de respirer.

MON VOYAGE A MOI

Se chercher pendant
Longtemps…
Errer, rencontrer et aimer.
S'effondrer puis se relever.

Une force aux profondeurs de
Moi,
Qui sort pas à pas,
Au fur et à mesure de mes
Blessures.
Cette force-là, qui m'apprend à
Aimer mieux.
À veiller sur moi, pour veiller sur
Les autres aussi…
Qui m'apprend ma vérité de vie.

MON VOYAGE A MOI

Toi, tu es ma leçon.

Tes différences façonnent ma vie,
Et ton grand cœur me rappelle qui
Je suis.

Un être d'amour qui m'a appris à
Plonger à l'intérieur de mon âme,
Pour pouvoir en ressortir
Femme.

LA BELLE ANGE

Plus pure que personne par
L'amour qu'elle donne,
Mais plus vulnérable aussi…

N'est pas maître de ce qui compte
Le plus pour elle.
Elle a peur, elle s'inquiète, sans
Rien pouvoir y faire…

L'inquiétude de ne plus avoir les
Choses en mains,
Elle confie ses bébés au monde,
Priant qui ne leur arrive rien.

LA BELLE ANGE

Elle reste là. Prête à voler à leur
Secours.
Pour eux, elle soulèverait des
Montagnes,
Pour leur bonheur et la paix de
Leur âme.

Cet amour qui lui ferait faire le
Tour de la Terre,
Cet amour inconditionnel, c'est
Celui de ma mère.

SOUPÇONS

Un regard, un sourire, une idée.
Je m'envole loin de tes yeux
Chercher,
Une réponse à ces liens que l'on
Crée.

Tu me cherches, tournes la tête et
Me vois…
Derrière cet arbre, je n'attendais
Plus que toi.

En m'emportant près de toi, je
M'envole au septième ciel,
Toi mon ange, quand tu me
Susurres à l'oreille
Que je suis la plus belle.

Un baiser dans le cou, mon parfum
T'éveille.
Un baiser entre nous, tu es mon
Bonheur, mon soleil.

COMME UNE CHANSON

Tout semblait être consumé, tout
Semblait avoir été vécu…
Et puis d'un « pourquoi pas » on
Se réembarque
Vers l'inconnu…

Au début hésitant, notre quotidien
Est si réconfortant.
Et à la fin si enrichi, l'inconnu
Nous attire tant…

Qu'en une seconde on se rend
Compte,
Qu'en ne faisant qu'un pas,
On a changé sa vie en découvrant
Une nouvelle joie du monde.

NE PLUS SAVOIR QUOI FAIRE

Se retrouver là, avec ce qu'on
Croit,
Ce qu'on voit et ce qu'on veut.
Se retrouver là, avec cette
Ambiance froide
Qu'on crée à deux.

Je n'arrive pas à savoir ce qu'il
Pense,
Ce qu'il attend de moi.
Il est tellement étrange parfois…

NE PLUS SAVOIR QUOI FAIRE

Mais est-ce mon esprit qui me
Joue un tour ?
Ou bien l'amour qui frappe à ma
Porte…

Car pourtant certaine d'avoir les
pieds sur Terre
Je me retrouve dans cette comédie
Idiote,
A attendre un geste de sa part.

Je me retrouve là, à ne plus savoir
Quoi faire.

L'INUTILE

Mais dis-moi à quoi me servent
Mes yeux
Si je ne te vois pas.

L'inutile d'une ouïe qui n'entend
Pas ta voix.

Le non-lieu d'un touché
Si je ne suis pas dans tes bras.

Te penser encore, encore et
Toujours…

Espérant faire passer le temps,
Puisque je suis loin de toi et de ton
Amour.

ENVIE D'AILLEURS

Envie de toi. Envie de ton cœur.
Envie de tes bras.
Envie sans peur d'être près de
Toi.

Envie d'un bonheur, sûr qu'il est
Près de toi.
Envie d'une mélodie qu'on sache
Par cœur.
Envie d'une vie si douce, pleine de
Chaleur.

ENVIE D'AILLEURS

Tu sais, tu es cette mélodie
Que je fredonne sans cesse.
Tu sais, tu es cette mélodie
Et je t'ai dans la tête.

Tu sais, tu es mon secret. Mon
Envie aussi
Peut-être…

Envie d'une belle histoire,

De deux destins au hasard.

Toi pris par la belle qui te donne
Des ailes,
Moi prise par le beau qui me
Montre le monde d'encore plus

Haut.

AUJOURD'HUI JE VOIS LA VIE

Aujourd'hui j'ai senti mon cœur,
Chaque instant de bonheur,
Chaque partie de ma vie.
Mon amour pour toi est parti là-
Bas…
Mon chagrin pour toi ?
De mon cœur, est sorti.

Aujourd'hui tout va bien, et ton
Visage,
De mes pensées s'est enfui…
Sentir la vie, la joie et les rires…
Le soleil, dans mon cœur revenir.

AUJOURD'HUI JE VOIS LA VIE

Alors sans regret redevenons des Inconnus.
Loin de l'autre, loin des bas.
Loin de l'autre, près de soi-même.
Et tu sais quoi ? Merci.

Aujourd'hui je vois la vie !

UN RÊVE SUCRÉ

Amour sucré, prison dorée.
Envie de lui depuis longtemps.
Envie de nous puis tout à coup,
Se réveiller prête à l'aimer.
Prête à refaire confiance, à se
Redonner une chance.

Tant de secrets si doux qui vivent
En moi
Puis me possèdent la nuit.

Un songe, un jour. Une brise
D'amour.
Envie de s'envoler…

Mais enfin se réveiller et le voir
Passer,
Comme si tout ça n'était qu'un
Rêve sucré.

L'AUTOMNE OU LA DAME
AUX MILLE COULEURS

En regardant par la fenêtre,
J'aperçois l'invitée d'honneur.
Elle a préparé sa robe dorée,
Le ciel bleu fait ressortir ses
Couleurs sucrées.

Certaines parties de sa parure
Resteront vertes,
Et d'autres crieront « par la magie
De l'automne nous sommes
Prêtes ! »

L'AUTOMNE OU LA DAME
AUX MILLE COULEURS

Elles embelliront notre paysage,
Illumineront notre visage.
Fidèles à leur maîtresse,
Enchanteront nos vies avec
Délicatesse.

Et puis après avoir rendu
Sa dernière représentation,
L'automne nous quittera avec
Grande émotion.

LIBERATION

M'évader, m'envoler, m'échapper.
Ce destin qui m'oppressait…
M'en aller, tout quitter.
Enfin me libérer.
Croire en moi, en mes rêves,
Pour les réaliser, mener une
Guerre sans trêve.

Voyager à l'intérieur de moi-
Même,
Avant d'aller toucher le ciel.
M'interroger sur le monde qui
M'entoure,
L'origine du mot amour.

Ça y est, je le proclame en mon
Nom,
Aujourd'hui je suis en pleine
Libération !

MA PEUR À MOI

Mais voilà, ma peur à moi c'est
Toi.
Toi qui t'installes dans chaque
Cœur
Et qui veux faire croire au
Bonheur.
Toi qui prends ta place dans
Chaque vie
Et qui en chaque personne crées
L'envie.

Être certaine que tu incarnes
La plus belle quête de la vie,
Que tu es mon bonheur, mon
Paradis.

MA PEUR À MOI

Mais voilà, ma peur à moi c'est
Toi.

Toi qui crois que ton ange est
Adoré
Et qui incites à la cupidité.

Toi qui fais de ta personne la plus
Belle mode
Mais qui rends nos vies beaucoup
Moins commodes.

Toi, qui par tes flammes nous
Consumeras un jour,
Toi, que plus communément on
Appelle l'Amour.

MON ANGE

Mais voilà, je veux comprendre
Moi…
Tant de questions pour si peu de
Réponses.

Plus une vocation de guide sur le
Chemin de la vie,
Tu as renoncé à la tienne
Pour éclairer celles des autres
Mais la mienne aussi.

Es-tu heureux ?
C'est comment le paradis ?
Dis-moi tonton…

Tu es mon ange à présent ?

PARFUM D'AMOUR

Une amoureuse qui flâne et qui
Rit,
Une amoureuse qui chante et dit
« Je suis heureuse, j'adore la
vie !»
Une amoureuse paisible et sans
Soucis,
Une amoureuse qui aime et puis,
Plutôt rêveuse pense à lui.

Hô ! Mais qu'est-ce qu'une
Amoureuse ?
Une fille comme les autres ou bien
Une fille à part ?
Hô ! Ce qu'elle est riche que de
Pouvoir donner
Un amour sans retour,
Un amour qui la porte et la
Portera toujours.
Elle est belle et rayonnante.
Plus loyale que personne par
L'amour qu'elle donne.

PARFUM D'AMOUR

Un amoureux qui pense et qui
Croit,
Un amoureux qui tout à coup
S'exclama « je sais la vie, je sais
Aimer ! ».
Un amoureux sensible et sincère.
Un amoureux qui un peu trop
Fier
Garde ses sentiments et puis
Espère.

Hô ! Mais qu'est-ce qu'un
Amoureux ?
Un homme comme les autres ou
Bien un homme à part ?

PARFUM D'AMOUR

Mais qu'est-ce qu'un amoureux est
Fort…

Que d'arriver à aimer davantage
Un autre que lui-même.
Une personne qui deviendra
Maître de sa peine.

Il est bon et courageux, sans peur
Et audacieux,
Plus solide que personne par la

Protection qu'il donne.

PARFUM D'AMOUR

Ces deux êtres seuls au monde,
Qui à l'autre s'abandonnent…
Ils laissent parler leur cœur,
Mais au fond ils ont peur.
Ils voudraient bien s'enfuir,
S'échapper loin de l'autre…
Mais trop inquiets qu'en laissant
Le cœur d'autrui
Ils y laissent le leur aussi.

Plus solides que quiconque, plus
fragiles que jamais.
Ils sont maîtres du monde mais
Très faciles à blesser.
Par ce lien qu'ils partageront
Toujours,
Par ce parfum d'amour.

DE L'IMPOSSIBLE AU
POSSIBLE

Tu es arrivé sans que je m'y
Attende.
Je travaillais sur moi-même,
À élever mes vibrations et mes
Attentes.

Je t'ai entendu parler mon
Langage,
Voir le monde avec mes yeux,
Chanter mes chansons
Préférées…
Chanter, ma passion depuis que je
Suis née.

Là, j'me suis demandée ce que
J'attendais
Pour me lancer, pour faire pareil.
Tu as mis mon âme en éveil !

DE L'IMPOSSIBLE AU POSSIBLE

En un fragment de seconde,
Ton âme a rallumé quelque
Chose,
Cette volonté de montrer ma
Lumière au monde…

Toutes ces peurs que j'avais
Avant,
Elles ne prendront plus le dessus à
Présent.
Décidée à réussir et à montrer à
Mon tour,
Tout ce qui vibre en moi comme
Amour,
Décidée à partager tout mon
Talent.

A suivre…

REMERCIEMENTS

Merci à toutes les personnes qui m'ont inspiré et qui continuent de m'inspirer au quotidien.

Merci à toi maman.

Merci à Dieu et à l'Univers d'avoir mis tout cet amour et toute cette magie dans mon cœur.

Merci à vous tous de partager cette passion avec moi,

Avec tout mon amour,

Manon.